AF234464

NOTICE

SUR

FEU M. LE DOCTEUR

ARMAND TROUSSEAU

PROFESSEUR HONORAIRE DE CLINIQUE
A LA FACULTÉ DE MÉDECINE DE PARIS,

PAR

M. URBAIN LEGEAY

PROFESSEUR HONORAIRE DE LA FACULTÉ DES LETTRES DE GRENOBLE,
MEMBRE CORRESPONDANT DES ACADÉMIES ET SOCIÉTÉ SAVANTE DE LYON,
DE DIJON ET DE TOURS.

PARIS

TYPOGRAPHIE DE HENRI PLON

IMPRIMEUR DE L'EMPEREUR
RUE GARANCIÈRE, 8.

—

1867

FEU LE DOCTEUR TROUSSEAU

Comment, sans être médecin, parler dignement du docteur Trousseau, qui a tiré sa principale gloire de la science médicale? Peut-être cependant sera-t-il permis à un ami de soixante ans, car nous l'avons connu quand il était encore dans le premier âge, d'esquisser quelques-uns de ses traits.

Il fut particulièrement lettré, et il regardait comme un tort fait à la science tout ce qui pouvait tendre à l'affaiblissement des études classiques de la jeunesse. Il quitta spontanément l'enseignement, jeune encore, pour se livrer aux études médicales : mais, nous aimons à le constater, il reconnaissait que, dans sa nouvelle voie, les bonnes études littéraires qu'il avait faites lui avaient été d'un grand secours. Que ce soit donc un avertissement pour ceux qui peuvent aspirer à marcher sur ses traces : les lettres sont les meilleurs auxiliaires de la science, comme Ampère ne cessait de le répéter.

C'est à l'hospice de Tours, sous la direction du savant docteur Bretonneau, qu'il fit ses premières études de l'art de guérir, comme on le sait. Descartes, il est vrai, est né dans la Touraine, mais il n'y a vécu que dans le premier âge, et il l'a à peine connue. Ici la Touraine voit un de ses enfants dont elle a encouragé les premiers succès, et qu'elle a initié à cette glorieuse carrière.

1867

Un tel maître ne fut pas longtemps à juger que son disciple serait un médecin remarquable; mais la réalité a dépassé tout ce qu'il en espérait. Celui qu'il avait sous la main devait être l'émule des plus grands médecins de tous les âges. Au reste, les circonstances étaient favorables. On avait établi des concours à tous les degrés de la hiérarchie scientifique, pour dérouter les médiocrités qui compteraient sur la faveur. Ces obstacles, si redoutables à tant d'autres, étaient pour lui des garanties et un encouragement. Il était dès lors assuré que le mérite, joint à l'opiniâtreté du travail, réussirait.

Nous lui fîmes un jour remarquer que la famille de Jacquin ou Jacquelin Trousseau, originaire du Berry, avait, dès le quinzième siècle, et dans de hautes fonctions, rendu à la France de grands services; qu'elle jouissait alors d'une distinction singulière; que Pierre Trousseau devint duc-archevêque de Reims en 1413; que Jacquelin Trousseau, sans doute son petit-neveu, épousa Perrette, fille de Jacques Cœur; qu'on en trouve des preuves dans l'*Histoire de la maison de France* du Père Anselme, et dans plusieurs des pièces recueillies par l'abbé Legrand pour le règne de Louis XI; que l'écusson de cette famille a même été conservé. Voici la réponse qu'il nous fit:

« MON BON AMI,

» Les titres dont vous me parlez me paraissent en effet curieux. Je ne sais trop si je pourrais prétendre à être gentilhomme. Le fait est, à vous dire vrai, que je n'en ai point l'envie.

» Mille et mille amitiés.

» TROUSSEAU.

» 3 mai 1864. »

Il regardait sans doute ses diplômes de docteur, d'agrégé, et surtout celui de professeur de la Faculté de Paris, comme les meilleurs titres de noblesse qu'il pût avoir dans notre siècle.

Ainsi, tout en gardant pour ses chers parents beaucoup de tendresse et de piété filiale, il ne tirait point vanité de son origine. Il aurait eu lieu cependant de s'en glorifier. Le poëte l'a dit : Les forts naissent ordinairement d'un sang généreux, *fortes creantur fortibus et bonis.*

Son père, en effet, feu le digne M. Trousseau, dont nous ne cesserons de chérir la mémoire, et que n'ont certainement pas oublié le peu d'hommes encore vivants dont il a aussi dirigé la première éducation, n'était pas seulement un excellent esprit, mais un homme de cœur et ami du progrès tel qu'il le fallait alors.

Au commencement de ce siècle, quand le chef de l'État n'avait pas encore pu fonder l'instruction publique, l'une de ses plus belles créations, M. Trousseau le père ouvrit aux familles de Touraine et des pays circonvoisins une grande maison d'éducation, où la jeunesse trouva l'enseignement large et complet des anciennes écoles de l'Université de Paris. Là, outre l'histoire et la littérature latine, s'étudiait aussi l'antiquité hellénique, quoique alors le grec ne fût encore enseigné nulle part. Là, dans de modestes chaires montaient des hommes du plus grand mérite, tel que feu MM. les abbés Rousseau, Ragneau, Dupuy, professeurs éminents, que l'honorable chef de l'établissement, leur ami, ne craignait pas d'appeler ses maîtres. C'est au milieu de ces hommes que se passa la première enfance du Docteur.

A cette époque de 1805, où, malgré le bruit incessant du canon, l'on commençait à respirer et à essayer d'un régime légal, la Touraine pouvait être fière de cette maison modèle. Peu après, par la faute de l'autorité locale, qui comprit mal la vraie pensée de Napoléon Iᵉʳ, et par suite de jalousies inexplicables, ce que

l'excellent administrateur M. de Pomereul avait dans Indre-
et-Loire fort sagement établi, son successeur vint le détruire;
alors le fondateur de cette maison, qui eût mérité une couronne
civique, essuya mille contradictions qui hâtèrent le terme de
ses jours. On se demanda, là aussi, comment il a pu être fait
tant de mal à celui qui n'eut jamais la pensée de faire du mal
à qui que ce fût.

Quoique feu madame Trousseau la mère n'ait pas atteint
non plus un grand âge, il lui a été donné cependant de voir
le troisième de ses remarquables fils en pleine jouissance de la
célébrité qu'il méritait, et ce fut pour elle une douce consola-
tion. C'est le premier de ces messieurs qui, par ses plans ingé-
nieux comme architecte, a complétement changé l'aspect de
Tours; personne ne l'a oublié. Le second, le général Maxime
Jacquemin, lauréat de l'Institut, est arrivé, de simple soldat
dans les gardes d'honneur de 1813, à ce haut grade militaire,
et en montrant à ses amis ses épaulettes de laine et ses divers
insignes de France et de l'étranger, il aimait à leur faire remarquer que c'était le fruit de ses travaux à travers bien des
dangers.

Le docteur que nous pleurons avait, comme ses deux frères,
tout conquis à la pointe de l'épée. C'est aux concours publics,
où il parut toujours avec le plus grand éclat au sein de la capi-
tale, qu'il fut redevable de toutes les distinctions qu'il a suc-
cessivement obtenues, jusqu'à la chaire de Faculté où il suc-
céda au docteur Alibert, médecin de Louis-Philippe, et jusqu'à la croix de Commandeur.

Le deuil de ses disciples et de ses confrères dira, mieux
que nous ne saurions le faire, comment dans sa pratique de
l'art médical et dans celle du professorat il justifia les titres
qui lui furent conférés; de quelle sollicitude il environnait
ses malades; avec quelle lucidité d'idées et quel bonheur d'ex-

pression il exposait les théories même les plus abstraites; jusqu'à quel point il fut profond, et comme il avait le secret de s'élever souvent jusqu'à l'éloquence.

Nous aimons surtout à recueillir les faits que nous tenons de lui-même par suite de nos bonnes et intimes relations et pendant les trop rares et trop courts instants qu'il nous a été donné de passer avec lui. « Les étudiants de l'Hôtel-Dieu, nous » dit-il un jour, tout en me remerciant de mes soins, me » dirent une fois que certainement ils étaient fort contents » d'avoir suivi ma clinique, mais qu'ils n'avaient point appris » à saigner; je leur répondis que ce n'était point ma faute si, » pendant la durée du cours, il ne s'était trouvé personne qui » eût réellement besoin de saignée. » Là se montre l'homme vraiment consciencieux. Nous avons lieu de croire qu'il n'était pas avare d'expérimentations sur lui-même. Ce fut peut-être là, nous le craignons, l'écueil de sa santé. Mais on voit quel scrupule il se serait fait de hasarder sur ses malades un remède qu'il n'eût pas cru nécessaire.

Ce fut moins sans doute à l'éclat de son enseignement qu'à sa pratique sage et lumineuse et à la sûreté de son coup d'œil, qu'il dut son immense et juste réputation en France et à l'étranger. Probablement il n'a pas guéri tous ceux qui lui ont demandé ses conseils; mais nous pouvons assurer que nul ne l'a jamais consulté sans notable avantage. De là cette grande clientèle qu'il trouvait toujours chez lui à l'heure de son cabinet, et qui l'obligeait à de si fréquents voyages.

Son élection comme député dans le département d'Eure-et-Loir en 1850, c'est-à-dire à l'époque où le suffrage universel donnait ses premiers choix, montre qu'on avait aussi remarqué en lui la droiture et la modération de son caractère. Il justifia tout ce qu'on devait attendre de lui. Il fit corps avec cette phalange raisonnable qui arrêta les plus aventureux sur la pente où ils voulaient précipiter le pays. Dans une circonstance, il prit courageusement la défense du docteur Orfila, son doyen et ami. Dans une autre, comme on préconisait à la tribune les bouleversements de terrain qui se faisaient inutilement dans le Champ de Mars, il se leva, et prenant la parole : « Messieurs, » dit-il, les ateliers qu'on dit nationaux sont la dilapidation » du trésor public. » Puis il soutint très-énergiquement cette pensée sur le même ton.

Il se retira promptement de la vie politique pour se livrer exclusivement à son état. Quel zèle, quelle ponctualité dans l'accomplissement des plus austères devoirs de sa profession ! Et cela, avec quel sincère amour de la science et de l'humanité ! Le pauvre malade avait à sa sollicitude le même droit que le riche. Nous apprenons qu'en son séjour de campagne près de Corbeil, où il se réfugiait le dimanche pour passer quelques heures loin du bruit, une enceinte de charité était ouverte, où les malheureux venaient recevoir des consultations gratuites et même des secours.

En 1864, le choléra l'avait vivement atteint. Il fit le possible pour rétablir son estomac singulièrement affaibli. Le 5 décembre 1865, il nous écrivait avec sa bonté ordinaire : « Le fléau cholérique a passé sans vous toucher; j'en rends » grâces à Dieu... » Tel était son zèle, que, répondant à nos inquiétudes, hélas! trop fondées, il nous écrivait le 29 juin de l'an dernier : « Je n'ai pas été gravement malade, puisque je » n'ai pas cessé un seul jour de voir mes malades, mais » j'avais été cruellement éprouvé par l'épidémie. » Tant son courage était au-dessus de ses forces!

L'été dernier, il croyait que les eaux d'Arcachon l'avaient à peu près guéri; il s'en félicitait. « J'éprouvais, nous a-t-il dit, » un bien-être indicible à parcourir le rivage de la mer, et je » me sentais beaucoup plus de force. » Malheureusement ce n'était qu'un moment de relâche, et le mal a repris le dessus.

Depuis que cette maladie profonde, dont il calculait les progrès au point de compter les jours qui lui restaient à vivre, s'était développée, nous étions frappé du changement qui s'opérait dans son extérieur. Il nous faisait l'aveu de son affaiblissement graduel, des nausées continuelles que cette maladie lui donnait avant de le faire tant souffrir; et cela, avec tout le calme qu'il eût mis à rapporter les souffrances d'un autre. Il allait même jusqu'à dire de sang-froid que « avoir vécu » soixante-six ans était relativement une assez belle carrière »; et comme nous nous obstinions à chercher à sa situation quelque moyen de soulagement et à ne pas paraître la croire tout à fait désespérée, il répondait simplement par ces mots : « Mon bon ami, le mal est sans remède; j'en ai pour six se- » maines ou deux mois. »

Nous l'avons vu le plus qu'il nous a été possible, tant qu'il fut encore accessible dans son cabinet. Il conservait toute sa tête; et, chose étonnante, nous avons deux lettres de lui, l'une du 22 avril dernier, l'autre du 27, où son écriture est aussi ferme qu'auparavant.

Non-seulement nous avons remarqué sa résignation surprenante au dénoûment que cette maladie devait avoir; mais nous l'avons vu encore, les deux dernières fois, occupé de la correction des épreuves pour une nouvelle édition de sa *Clinique,* tant il lui était impossible de se détacher du travail! Il est certainement toujours beau de secourir son semblable, mais s'occuper du soulagement des autres quand on souffre à ce point, c'est s'élever au-dessus de l'humanité même.

En nous inclinant sous la main de la Providence, qui n'a pas voulu laisser plus longtemps sur la terre un homme si bon, si utile et si cher à ses contemporains, nous osons espérer qu'elle aura reçu avec mansuétude celui qui fut toujours si fidèle observateur de la loi de charité, la première de toutes les lois.

Sa *Clinique* est l'ouvrage important qu'il laisse. Il a fait aussi, avec la coopération du docteur Pidoux, le *Traité de thérapeutique et de matière médicale*, en deux très-forts volumes in-octavo. Ainsi il n'aura pas péri tout entier. Ses amis retrouveront encore en ces deux livres, du moins au point de vue de la science, la trace de ses idées.

LEGEAY,

Professeur honoraire de la Faculté des lettres de Grenoble.

Paris, 3 juillet 1867.

Paris. Typographie de Henri Plon, imprimeur de l'Empereur, rue Garancière, 8.

www.ingramcontent.com/pod-product-compliance
Lightning Source LLC
LaVergne TN
LVHW010303060726
842527LV00007B/2840